КЛАСС!ное чтение

И.С. Шмелёв

МОЙ МАРС

Книга для чтения с заданиями
для изучающих русский язык как иностранный

В2

РУССКИЙ ЯЗЫК
КУРСЫ

МОСКВА
2014

УДК 811.161.1
ББК 81.2 Рус-96
Ш72

Адаптация текста, комментарий: *Еремина Н.А.*
Задания: *Булыгина Л.А.*

Шмелёв, И.С.
Ш72 **Мой Марс**: Книга для чтения с заданиями /
И.С. Шмелёв. — М.: Русский язык. Курсы, 2014. —
48 с. (Серия «КЛАСС!ное чтение»)
ISBN 978-5-88337-346-5

В книге представлен рассказ «Мой Марс» известного
русского писателя первой половины XX века И.С. Шмелёва.
Эта удивительная история произошла на пароходе в море.
Умный ирландский сеттер по кличке Марс случайно упал за
борт. Он мог утонуть, тогда все пассажиры и члены экипажа
объединились и решили спасти Марса...

Текст рассказа адаптирован (В2), сопровождается ком-
ментарием, заданиями на понимание прочитанного и на
развитие речи. В книге приводятся наиболее интересные
факты из жизни Шмелёва и краткое изложение рассказа.

ISBN 978-5-88337-346-5

Содержание

Предисловие

Эта книга включена в серию «КЛАСС!ное чтение». В серию вошли произведения русских классиков, а также известных современных писателей. Тексты произведений адаптированы с расчётом на разные уровни обучения РКИ (А1, А2, В1, В2, С1).

В данном издании представлен рассказ «Мой Марс» известного русского писателя первой половины XX века И.С. Шмелёва.

Удивительная история произошла на пароходе в море. Умный ирландский сеттер по кличке Марс случайно упал за борт. Он мог утонуть, тогда все пассажиры и члены экипажа объединились и решили спасти Марса...

В книге приводятся наиболее интересные факты из жизни Шмелёва и краткое изложение рассказа. Текст рассказа адаптирован (В2). Перед текстом помещён список слов, значение которых можно проверить в словаре (если они вам незнакомы). После произведения дан комментарий (в тексте обозначен *), а также предлагаются вопросы на понимание прочитанного, на развитие речи и задания, помогающие повторить грамматические формы, актуальные для данного уровня обучения.

Издание адресовано иностранцам, изучающим русский язык и интересующимся русской литературой, а также детям соотечественников, проживающим за рубежом, учащимся национальных школ.

Эта книга будет полезна всем, кто хочет совершенствовать свой русский язык.

Шмелёв Иван Сергеевич

(1873–1950)

Иван Сергеевич Шмелёв родился в Москве, в купеческой* семье. Окончил гимназию и в 1894 году поступил на юридический факультет Московского университета. Желание заниматься литературным творчеством Шмелёв почувствовал ещё во время обучения в московской гимназии. После окончания университета в 1898 году он проходил военную службу, затем восемь лет служил чиновником в провинциальных российских городах. Здесь Шмелёв встречает прототипов героев многих своих повестей и рассказов.

В 1905 году Шмелёв понимает, что настоящее дело в жизни для него может быть только одно — писательство. Он начинает печатать свои рассказы, сотрудничает в журнале «Русская мысль», а в 1907 году уходит в отставку. Он возвращается в Москву и посвящает себя литературному труду. В ранних рассказах и повестях Шмелёва звучит тема мучительной, несправедливой жизни; автор сочувствует «маленьким» людям, которые хотят вырваться из однообразия окружающего мира, наблюдает конфликт поколений отцов и детей. 1910 год стал значимым в писательской биографии Шмелёва. Он начинает переписываться с М. Горьким. Это знакомство укрепило его уверенность в собственных силах.

В 1911 году Шмелёв пишет одно из своих значительных произведений — «Человек из ресторана», которое принесло ему известность и успех.

В 1912 организуется издательство «Книгоиздательство писателей в Москве», здесь работают И. Бунин,

Б. Зайцев, В. Вересаев, И. Шмелёв и другие известные русские писатели. Всё дальнейшее творчество Шмелёва 1900-х годов связано с этим издательством, в котором вышло и его собрание сочинений в восьми томах.

Сборники рассказов и очерков Шмелёва заметно выделялись своей искренностью.

После революции, которая произошла в России в 1917 году, жизнь писателя резко изменилась. В 1918 году Шмелёв переезжает в Крым.

В конце 1922 года по приглашению И. Бунина И. Шмелёв уезжает в Берлин, а затем в Париж, где он прожил 27 лет. Здесь открывается новая глава его жизни.

Первым произведением Шмелёва иммигрантского периода стал роман «Солнце мёртвых» (1924), который сразу же был переведён на французский, немецкий, английский и ряд других языков, что для русского писателя-эмигранта было большой редкостью.

С годами в творчестве Шмелёва центральное место заняли воспоминания о прошлом («Богомолье», 1931, «Лето Господне», 1927–31, 1934—44). В самой известной своей книге «Лето Господне» писатель обращается к годам детства. Шмелёв написал о восприятии мира верующим ребёнком, доверчиво принявшим в своё сердце Бога.

Замечательный рассказ «Мой Марс» был написан в 1938 году. Эта удивительная история произошла с умным ирландским сеттером на пароходе в море.

За рубежом при жизни писателя вышло около 20 его книг на русском языке.

Умер Шмелёв от сердечного приступа в 1950 году недалеко от Парижа. Он был одним из самых известных и популярных писателей России. В изгнании стал одним из духовных лидеров русской эмиграции.

В 2000 году по инициативе русской общественности и при содействии Правительства России прах И. Шмелёва и его супруги был перевезён в Москву и перезахоронен.

О рассказе «Мой Марс»

На берегу Балтийского моря в небольшом городе Виндаве* жил господин*, у которого был умный ирландский сеттер по кличке Марс. Однажды этому господину нужно было поехать по делам на два дня в город Або* на побережье Финляндии. Хозяин Марса собрался в дорогу и оставил собаку дома. Господин уже подходил к пароходу, на котором собирался отправиться в путь, как вдруг увидел своего Марса. Тот убежал из дома и догнал хозяина. Пришлось взять его на пароход. По правилам нужно было перевозить собак в специальных клетках на носовой части парохода. С большим трудом Марса удалось посадить в такую клетку.

Море было спокойное, и господин наблюдал за пассажирами. Это были и дети, и молодёжь, и взрослые люди. У каждого были свои интересы. И вдруг все услышали собачий вой. Господин узнал голос Марса. Но вой становился всё громче. Это другие собаки, тоже сидящие в клетках, поддержали Марса. Пассажиры были недовольны. Помощник капитана попросил хозяина Марса успокоить собаку, но ничего не получилось. Тогда господин сказал, что Марс перестанет выть, если только его выпустят из клетки, так он любит свободу. Марса выпустили.

Когда все вокруг успокоились, Марс подрался с маленьким, но очень нахальным мопсом, который стал приставать к Марсу. Пассажирам не понравился шум, и они пожаловались капитану. Тот предупредил господина, что Марса придётся высадить на первой же остановке парохода. Хозяин Марса сказал, что никому не нужно бояться, его пёс добрый и не опасен для пассажиров.

Все успокоились и отправились в кают-компанию* обедать. Господин тоже пошёл со всеми, приказав Марсу оставаться под лавкой. И вот во время обеда господин увидел Марса, который спускался по лестнице, потом тот незаметно залез под стол и оказался у ног хозяина. Этого никто бы не увидел, но Марс снова подрался с тем же мопсом. Все вскочили из-за стола, стали возмущаться. Когда собак растащили, капитан ещё раз предупредил господина, что Марса придётся высадить на первой же остановке. На пароходе пассажиры говорили только о Марсе. На него смотрели с опаской и неприязнью. Другие собаки, растревоженные Марсом, снова выли.

Господин увёл Марса в свою каюту и задремал. В это время Марс убежал на палубу. Проснулся господин от криков: «Утонул... Нет, плывёт, плывёт...» Господин выскочил на палубу, где матрос сообщил ему, что его собака упала за борт.

На палубе собралось много народу. Все жалели Марса. Кто-то даже заплакал. Господин подошёл к капитану и попросил его приказать команде дать задний ход. И другие пассажиры стали просить капитана остановить пароход. Капитан приказал команде дать задний ход. Спустили шлюпку с четырьмя матросами. Они быстро работали вёслами и приближались к Марсу, который из последних сил держался на воде, но его накрывало волной... Сотни глаз следили за тем, что происходило в море. И вдруг... в крепкой руке матроса все увидели Марса. «Урра!» — дружно закричали на палубе. Все были счастливы, у всех были хорошие, добрые лица.

Пассажиры приветствовали капитана, и он улыбался. Все окружили матросов, которые спасли Марса, и стали дарить им деньги. А Марсу было плохо. Он лежал на палубе без движения и с трудом дышал. Пассажиры предлагали господину свою помощь. И помогали, кто чем мог: принесли коньяк, нашатырный спирт, печенье… Марс стал чувствовать себя лучше. Он подходил ко всем и с благодарностью заглядывал в глаза.

Утром пароход прибыл в город Або. Многие пассажиры прощались с Марсом и фотографировали героя на память.

Если эти слова (в тексте они выделены) вам незнакомы, посмотрите их значение в словаре.

Безобра́зие
беспоря́док
беспризо́рная (соба́ка)
бу́ря
Великоду́шный
вла́жно
возража́ть
воро́та
Гло́тка
Дельфи́н
дог
дразни́ть
дрема́ть
дрожа́ть
Же́ртвовать
(поже́ртвовать)
Застона́ть
за ши́ворот
Игри́вость
Ко́бра
коло́дец

Лизну́ть
Монуме́нт
мопс
Наблюда́ть
Обморок
обя́занность
ова́ция
опа́ска
осо́ба
оше́йник
Перевя́зка
плётка
пови́згивание
погрози́ть
позо́р
поко́рность
потрепа́ть
(по спине́)
пуши́стый
Растрево́жить
решётка
рыча́ние

Сбеси́ться
сва́лка
сверка́ть
сенберна́р
се́ттер
скули́ть
сми́рный
сочу́вствие
Тоскова́ть
тро́сточка
труба́
Уко́р
Фы́ркнуть
Ца́пнуть
Шали́ть
шва́бра
шлепо́к
Щелчо́к

Мой Марс

I

Да, вне́шность обма́нчива. И вот вам приме́р: мой Марс, мой бли́зкий друг, просто́й двухгодова́лый ирла́ндский *се́ттер*. Да, просто́й, как мо́жно поду́мать с пе́рвого взгля́да. Весь ры́жий, ла́сковые глаза́. Очень *сми́рный*, когда́ спит на ко́врике, под ве́шалкой. Да́же иногда́ улыба́ется во сне.

Очень ми́ло виля́ет краси́вым хвосто́м. А вы попро́буйте у него́ вы́дернуть ко́сточку из па́сти! Вы попро́буйте. Я раз попро́бовал, бо́льше не про́бую. Весь он — ла́ска и не́жность. Не ду́мает ни о костя́х, ни о почтальо́не, кото́рого счита́ет враго́м до́ма.

Вот како́в э́тот Марс. Но краси́в, о́чень краси́в. Так краси́в, что одна́жды кака́я-то стару́шка купи́ла для него́ на бульва́ре ва́флю и то́лько зря потра́тила де́ньги. Из её рук Марс не взял, а кака́я-то *беспризо́рная* соба́ка схвати́ла ва́флю и убежа́ла. Это бы́ло так неожи́данно, что да́же Марс растеря́лся и до́лго гляде́л на доро́гу.

Ита́к, он стро́йный, у́мный, как вся́кий ирла́ндский се́ттер, ва́жно но́сит *пуши́стый* хвост и о́чень лю́бит, когда́ наступа́ет вре́мя обе́дать. Не соверша́л по́двигов, но име́ет золоту́ю меда́ль. Хотя́ и англи́йского происхожде́ния, но не го́рдый и внима́тельно следи́т за куска́ми еды́, и выпра́шивает глаза́ми. Иногда́ в нетерпе́нии тро́гает ла́пой коле́ни и ти́хо повизгивает, напомина́я об *обя́занностях* к бли́жним. Бли́жними свои́ми он счита́ет себя́, зате́м… опя́ть себя́ и ещё раз себя́.

Рассужда́я, что пол существу́ет, что́бы на нём лежа́ть, стол, — что́бы на нём обе́дать, а буфе́т — что́бы прятать съедобное, он не переносит *беспорядка* и съедает всё, что падает на пол или остаётся на столе. Любит меня очень сильно и всех незнакомых считает моими врагами.

Он пускает их в комнаты, ходит за ними и не разрешает взять со стола даже газеты, если меня нет в квартире. А уж выйти не позволит ни за что, встаёт к двери с *рычанием*.

Есть в нём замечательная черта характера: он очень *великодушен*. Он любит детей и однажды напугал на бульваре няньку*, которая собиралась дать *шлепка* непослушному малышу. Очень добродушно относится он и к маленьким собачкам и не любит *мопса*-соседа, который выбегает подраться на улице со старой, умирающей *дворнягой**.

В общем, как видите, это очень интересный пёс, и судьба хранит его. Недавно он провалился в *колодец* и... выжил чудом. Старая доска, упавшая вместе с ним в глубину, по дороге застряла, и Марс удержался на ней на глубине всего полутора метров, а было в колодце до двадцати пяти! Он выл изо всех сил. Конечно, его вытащили. Как-то раз он сорвал лапами свой *ошейник* и, выбежав за *ворота,* попал к собачьим охотникам, которые без всякого разговора забрали его на живодёрню*.

Я почти не спал, искал его по всему городу, и, наконец, нашёл. Он лежал в клетке, вытянув морду в лапах, и как будто спал. В углах закрытых глаз было *влажно*. Должно быть, он плакал во сне.

—Марс!

Что было! Он бросился ко мне, забыв о клетке, ударился носом о *решётку* и *застонал* от радости.

—Что, Марс! Будешь теперь рвать ошейник?!

И Марс ответил таким чудесным лаем, что даже хозяин живодёрни сказал несколько комплиментов и с грустью закончил:

— Славная собачка… А вот ещё бы день… и на перчатки!

Пришли домой.

— Что, Марс, — говорю я. — Что глядишь-то глупыми глазами? Вот накажу *плёткой*.

Поворот на спину — и полная *покорность*. И вот однажды этот самый Марс дал мне возможность сделать одно интересное открытие. Да, именно он. Он показал мне… Но это, собственно, и является предметом моего рассказа.

II

Жил я в Виндаве*, на берегу Балтийского моря. Жили мы втроём: я, управлявший* моим хозяйством прекрасный человек Иван Сидорович и Марс.

Как-то мне нужно было поехать дня на два в город Або*, небольшой городок на побережье Финляндии.

Это очень красивые места.

Ехал я только с ручным багажом. Марс, как и всегда, когда я собирался куда-нибудь ехать, следил за тем, как я собирал маленький чемодан.

Я думаю, он рассуждал так: «Мой приятель, — то есть я, — на меня не смотрит, значит, я ему не нужен. Иван Сидорович очень весёлый и даже погладил меня, значит, уйдёт из дома и запрёт двери и меня».

И Марс потерял всю свою *игривость*. Он попробовал прыгать около меня, но это ни к чему не привело. Я строго взглянул на него и молча указал на пол.

И тут-то он всё окончательно понял. Он лежал, вытянув хвост и положив морду в лапы, глядел на мой чемодан, и ждал. Что происходило в его собачьем сердце, то́чно не зна́ю, но я уве́рен, что он *тоску́ет* и́скренно и уж во вся́ком слу́чае не ра́дуется.

Я взял шля́пу, трость и чемода́н. Марс нереши́тельно подня́лся, всё ещё не теря́я наде́жды.

— До́ма, до́ма!..

Холо́дный тон и па́лец, ука́зывающий на́ пол. Этого бы́ло доста́точно. Марс посмотре́л на меня́, и по глаза́м его бы́ло ви́дно, как он несча́стен.

Я услы́шал лай. Оберну́лся и уви́дел Ма́рса.

Он стоя́л пере́дними ла́пами на подоко́ннике, ме́жду цвето́чными горшка́ми, и его у́мная мо́рда упира́лась в стекло́. Тепе́рь бедня́га бу́дет тоскли́во лежа́ть под ве́шалкой.

Я шёл не торопя́сь, отли́чно зна́я, что парохо́д, как обы́чно, пойдёт с опозда́нием. Но я ещё не дошёл до конца́ после́днего переу́лка, когда́ услы́шал второ́й гудо́к.

Остава́лось всего́ три мину́ты. Я побежа́л. Переу́лок ко́нчился. То́лько бы успе́ть!

Я бро́сился вперёд, как вдруг из-под са́мых ног с ви́згом и ла́ем вы́скочил Марс. Он крути́лся, пры́гал, броса́лся на прохо́жих и фонари́ и гро́мко ла́ял. Он был в са́мом прекра́сном настрое́нии.

Что бы́ло де́лать? Верну́ться обра́тно и ждать до за́втра? Но мне бы́ло необходи́мо е́хать сего́дня же. Отда́ть Ма́рса носи́льщику*, сказа́ть а́дрес, объясни́ть? Но уж нет вре́мени. Я вбега́ю на парохо́д сле́дом за Ма́рсом, все смо́трят на нас. А Марс чу́вствует себя́ как до́ма. Уже́ парохо́д гро́зно ревёт, пуга́я Ма́рса, и он ка́к-то сра́зу присе́л на все ла́пы, как бу́дто его собира́ются бить по голове́.

— Послу́шайте… Это ва́ша соба́ка?

Тре́тий помо́щник капита́на стро́го ука́зывает на Ма́рса.

—Да, она́ со мной.

Что же бы́ло де́лать? Не отка́зываться же от свое́й соба́ки.

—В тако́м слу́чае придётся вам взять ему́ соба́чий биле́т и помести́ть в кле́тку.

—Очень хорошо́.

Тре́тий помо́щник капита́на подошёл к Ма́рсу и *потрепа́л* его́ по спине́.

—Ну, идём! Фью!..

Марс да́же не взгляну́л на него́.

—Идём, брат, не́чего...

Он потяну́л его́ за оше́йник и тотча́с же отдёрнул ру́ку: Марс негро́мко зарыча́л.

—Наве́рное, он меня́ бои́тся...

Я не сказа́л тре́тьему помо́щнику капита́на, что Марс, очеви́дно, принима́ет его́ за почтальо́на в его́ белосне́жном ки́теле*.

—Эй, Васи́лий! — кри́кнул хра́брый тре́тий помо́щник капита́на. — Бери́ соба́ку. Там, ка́жется, есть свобо́дная кле́тка.

Подошёл ры́жий матро́с в си́ней блу́зе. Хотя́ он и име́л вид морско́го во́лка и, мо́жет быть, вы́держал не оди́н стра́шный шторм, но к Ма́рсу подошёл с *опа́ской*.

—Тц... тц... Ну, ну... Ты!..

Марс показа́л зу́бы и зарыча́л.

—Серьёзный... Ну, ну, как тебя́... Соба́чка...

Но «соба́чка» не успока́ивалась.

Тогда́ я взял Ма́рса за во́рот и потащи́л на носову́ю часть парохо́да.

—Ну, вот тепе́рь и посиди́! Вот и посиди́!

Его́ помести́ли в небольшо́й кле́тке, за решётку. Марс вообще́ не терпе́л лише́ния свобо́ды. Он до́лго упира́лся, цепля́ясь когтя́ми и вывора́чивая го́лову. Но де́ло

16

было сделано, и теперь он мог, сколько хотел, рычать и визжать.

Но как он мог убежать из квартиры? Ну, конечно, Иван Сидорович вышел из дома и забыл запереть окно в кухне. И Марс ушёл по хорошо знакомой дороге, он делал это и раньше. Но я должен всё же признаться, мне было приятно, что Марс сумел отыскать мой след.

III

Я сидел на верхней палубе, под тентом. Море было спокойно. Погода великолепная. Народу было много. Две девочки, в красных коротких платьях и в белых туфельках, веселились на палубе. Худая *особа* в соломенной шляпке сухим скучным тоном всё время останавливала их по-немецки.

—Дети, не шалите, вы мешаете другим.

Мальчик, лет десяти, с хитрой улыбкой *дразнил* что-то сидящее под ногами немки, и оттуда слышалось злобное ррррр-ым-га-га.., что очень напоминало мне старого мопса-соседа, врага Марса.

— Ррррр-ы-гам-гам... — слышалось из-под скамейки.

Сидевший недалеко господин с газетой строго из-под очков поглядел на мальчишку и покачал головой.

На палубе появилась барыня*, *погрозила* мальчику пальцем и села рядом со мной. Она читала маленькую книжку.

Я сидел и *наблюдал*. У каждого были свои интересы. Вот только две девочки были рады говорить со всеми, милые и простые. Какой-то старичок в бархатном картузе* присел рядом со мной и стал читать газету.

Собака, рычащая под скамейкой, потеряла, наконец, терпение. Мопс *цапнул* мальчишку за ногу. Поднялся шум. Мальчишка плакал, а мопс спрятался под лавку и ожидал, когда его начнут бить. Купец* перестал читать книжку и строго поглядел на всех.

Старичок сообщил мне, что страдает головными болями, не терпит шума и потому всё лето совершает морские прогулки, так как только на пароходе находит тишину.

Наконец, всё успокоилось, и вдруг откуда-то послышался вой. Он шёл с другого конца парохода, с носа.

И я узнал голос Марса.

Старичок, сидевший рядом, поглядел на меня, как будто я был причиной воя.

—Вы слышите?

—Слышу. Чья-то собака воет.

—Конечно, собака… Но ведь это же неприятно!

—Просто волк, — сказал купец.

Маленькая девочка сделала большие глаза.

—Фрейлейн, это волк? — спросила она немку. — Я боюсь…

Вой становился громче.

—Уди-ви-тельные порядки! — строго сказал старичок. — Насажают полный пароход собак…

Вой продолжался. Из-под лавки отозвался мопс. А с носовой части слышались уже воющие аккорды. Очевидно, мой Марс нашёл поддержку у других заключённых*. Мопс завыл громче и получил лёгкий щелчок по носу от фрейлейн.

—Замолчи, Тузик! У, глупенький.

—За хвост да в воду, — сказал купец. — Вот собак навели…

—Я не понимаю, не понимаю. Какие идиоты всюду берут собак с собой! — сердился старичок.

Он глядел на меня, ожидая хотя бы сочувствия.

Надо сказать правду, вой становился невыносимый. Купец закрыл книжку и глядел на море. Господин в очках крупными шагами ходил по палубе. На мостике появился капитан, и по его лицу было видно, что он недоволен. Около него появился помощник и что-то объяснял. Капитан энергично размахивал рукой и показывал на носовую часть парохода. Смотрю, мой старичок поднимается и направляется к капитанскому мостику.

— Господин капитан! — умоляющим тоном говорит он. — Прикажите принять какие-нибудь меры, прошу вас! Голова болит...

Кажется, что весь пароход, с трюма и до палубы, перегружен собаками, и они очень стараются, как будто их жгут железом. Смотрю, появляется на мостике третий помощник капитана и объясняет что-то. Старичок зажимает уши и трясёт головой.

— Это ужасно! — жалуется барыня с лорнетом. — Послушайте, успокойте хоть вашего-то! — обращается она ко мне.

— Я его сейчас палкой! — кричит мальчик.

— Вилли, Вилли!

— Тузик, замолчи, мой маленький! Моя бедная собачка. Он плачет! Смотрите, он даже плачет!

Третий помощник капитана показывает в мою сторону и что-то объясняет. Ну, конечно, говорит, чья собака. Я уже начинаю чувствовать себя виноватым. Но в чём же я виноват? Что природа наградила собак крепкими *глотками* и не приучила их к клеткам?

Третий помощник капитана спускается с мостика и направляется ко мне. Он старается говорить спокойным голосом.

— Видите... Послушайте... Ваша собачка *растревожила* всех собак. С нами едут ещё четыре пса, и теперь воют все. И ещё в каюте едет больная дама... Капитан просит...

Может быть, вы сможете успокоить...

— Ах, пожалуйста, успокойте! — говорит ещё кто-то. — Это ваша собака.

На меня все смотрят. Меня обвиняют.

Мопс поёт и даже закрывает глаза, как соловей весной. Весь пароход поёт.

Иду на нос корабля. Здесь ад. Пассажиры третьего класса стоят около клеток с собаками и слушают. Проходим с помощником капитана через толпу к клеткам. В самой крайней красавец *сенбернар* упирается головой в низкий потолок и издаёт какое-то воющее рычанье. Рядом с ним *дог* с налитыми кровью глазами бегает по клетке и *скулит*. И, наконец, — Марс. Он прекрасен. Он лежит, вытянув морду и закатив глаза, и воет, и воет...

Я подхожу к клетке. Все ждут от меня чего-то необыкновенного.

— Марс!

Вой прекратился сразу, и Марс заскулил жалобно-жалобно. И в соседних клетках прекратились рыдания.

— Что значит хозяин-то, — говорит кто-то.

Марс бьёт лапами по решётке. Но что же я могу сделать? Говорю третьему помощнику, что ничего не получится, и делаю при всех опыт. Отхожу в сторону, так что Марс не видит меня. Проходит минута, начинается лёгкое *повизгивание*, которое переходит в вой. Дог и сенбернар тоже воют. Лица зрителей улыбаются.

— Его необходимо выпустить, — говорю помощнику.

Помощник идёт за разрешением и скоро возвращается.

Разрешено выпустить. Марс прыгает сразу на всех лапах с громким лаем. Мне даже стыдно за него. Идём во вторóй класс. Марс дýмает, очевѝдно, что парохóд — э́то ýлица, и ведёт себя́ сáмым легкомы́сленным óбразом.

Мы яви́лись на пáлубу, на нас все смóтрят. Но Марс чýвствует себя́ прекрáсно. Он не знáет, чем доказáть мне свою́ благодáрность. Но я, чтóбы не́ было никакѝх неожи́данностей, отправля́ю егó под лáвку. Пýблика успокóилась и заняла́сь свои́м дéлом. Господи́н в очкáх читáл газéту.

Старичóк наблюдáл за красотóй прирóды. Мáльчик снóва дразни́л мóпса.

Дéвочки в крáсных плáтьях игрáли в мяч, но урони́ли егó в мóре и плáкали.

—Дéти, вот вы *шали́ли* и потеря́ли мяч, — сказáла нéмка.

Но онѝ скóро успокóились.

Марс лежáл сми́рно. Он одни́м глáзом наблюдáл за дéвочками и ждал удóбного слýчая, чтóбы поигрáть с ни́ми. И знакóмство состоя́лось. Однá из дéвочек подошлá к немý.

—Собáчка…

Марс шевельнýл хвостóм и постучáл им.

Подошлá вторáя дéвочка и сказáла ти́хо:

—Крáсная собáчка…

Марс подня́лся, подошёл к ним и ждал. Дéвочки отступи́ли, онѝ смотрéли то на меня́, то на Мáрса. Но Марс раздýмывал недóлго. Он не забы́л ми́лой привы́чки игрáть с ребя́тами на бульвáре.

Он пры́гнул и *лизнýл* свои́м рóзовым языкóм румя́ную щёчку дéвочки в бéлых тýфельках.

—Ай!

Обе дéвочки грóмко засмея́лись.

—Фрéйлейн! Фрéйлейн! Он поцеловáл Ни́ну!

—Он меня́ облиза́л, фре́йлейн! Облиза́л!

Марс верте́лся и пры́гал, отли́чно понима́я, како́й эффе́кт он произвёл. Но ра́дость ско́ро ко́нчилась.

Фре́йлейн подняла́сь с реши́тельным ви́дом и подошла́ к нам, за ней бежа́л мопс.

—Нельзя́ разреша́ть гря́зной соба́ке лиза́ть лицо́, Ни́на! Ты бу́дешь нака́зана до́ма. Вы́учишь де́сять строк да́льше.

Очеви́дно, остально́е бы́ло поня́тно и Ни́не, и фре́йлейн.

Ро́зовое ли́чико де́вочки ста́ло гру́стным.

Когда́ худа́я не́мка нагну́лась вы́тереть щёчку Ни́ны от следо́в поцелу́я Ма́рса, он реши́л защити́ть де́вочку. Он гро́мко зала́ял на фре́йлейн. Бо́же, что бы́ло! Не́мка отскочи́ла в сто́рону, а её мопс запры́гал о́коло Ма́рса, как рези́новый ла́ющий мяч. Марс зарыча́л...

Начала́сь *сва́лка*. Тепе́рь па́луба представля́ла собо́й са́мую настоя́щую аре́ну.

Я бро́сился и схвати́л Ма́рса. Де́вочки смотре́ли испу́ганными глаза́ми.

И на мо́стике показа́лась фигу́ра капита́на. Ба́рыня с лорне́том крича́ла:

—Ви́лли, Ви́лли! Они́, наве́рное, *сбеси́лись*! Ви́лли! Этого бы́ло доста́точно. Собрала́сь толпа́. Кто́-то звал на по́мощь матро́сов. Кто́-то пла́кал и то́пал но́жками. Но Ви́лли ра́довался бо́льше всех. Этот мальчи́шка разма́хивал *тро́сточкой* и дразни́л мо́пса. Но ведь всё име́ет коне́ц. Ско́ро мопс с пора́ненной ного́й (кто его́ пора́нил, — Марс и́ли мальчи́шка, — так и оста́лось неизве́стным) сиде́л на коле́нях фре́йлейн и стона́л, и рыча́л, гля́дя на Ма́рса злы́ми глаза́ми. Я задви́нул Ма́рса под ла́вку и сиде́л, чу́вствуя себя́ отврати́тельно, и заставля́л себя́ любова́ться мо́рем. Смотрю́, подхо́дит капита́н. Кла́няется.

—Очень прия́тно. Чем могу́ служи́ть?

—Ви́дите... гм... Ва́ша соба́ка... гм...

Я понима́ю капита́на и пожима́ю плеча́ми.

—Ви́дите... Пассажи́ры беспоко́ятся... гм... Вы её...

Он да́же шевели́л па́льцами, подыскивая сло́во.

—Вы её... подержи́те... А то я... прости́те... бу́ду вы́нужден проси́ть вас... оста́вить её на берегу́ при пе́рвой остано́вке в Га́нге.

Кла́няюсь и обеща́ю, что мой Марс никако́й опа́сности для пассажи́ров не представля́ет.

—Так вот... извини́те...

Капита́н раскла́нивается и ухо́дит.

—И зачем Вы соба́к во́зите! — говори́т мне старичо́к, дово́льный наступи́вшей тишино́й.

Хоте́л бы я знать, что сде́лал бы на моём ме́сте э́тот господи́н*. Быть мо́жет, он бро́сил бы пса на при́стани. Но я не мог сде́лать э́того: я люблю́ Ма́рса. Ни́на и Ли́да сиде́ли ря́дом с фре́йлейн и скуча́ли, наве́рное, жале́ли свой мяч. Мальчи́шка, ви́димо, заду́мал что́-то нехоро́шее. Он уж о́чень бли́зко ходи́л о́коло Ма́рса и тихо́нько свисте́л:

—Фю́ить! Фю́ить!

Но в о́бщем была́ тишина́.

—Ну, Ви́лли! Но я прошу́ тебя́, мой ма́льчик! Не ходи́ так бли́зко о́коло соба́ки!

IV

Парохо́д шёл бы́стрым хо́дом. На па́лубе бы́ло споко́йно, но э́то была́ тишина́ пе́ред *бу́рей*. Это бы́ло ви́дно по глаза́м мо́пса и Ма́рса. Они́ упо́рно смотре́ли оди́н на друго́го. Марс рыча́л иногда́. Зазвони́л колоко́льчик. Это ходи́л по парохо́ду слуга́ каю́т-компа́нии*, приглаша́я к обе́ду. Бы́ло уже́ о́коло пяти́, у пассажи́ров появи́лся аппети́т, и все отпра́вились обе́дать. Пошёл и я. Фре́йлейн с мо́псом ушла́ ещё ра́ньше. Но вот... Марс подыма́ется и дви́гается за мной.

Он та́кже хо́чет ку́шать.

Вести́ его́ за собо́й? Нет, ни в ко́ем слу́чае. Я пока́зываю ему́ па́льцем под скаме́йку.

Он смо́трит на меня́ с *уко́ром*. Я прекра́сно понима́ю все его́ взгля́ды. И ви́жу, что он не хо́чет сдава́ться. Беру́ *за ши́ворот* и тащу́ под скаме́йку. Он ложи́тся с недово́льным ви́дом и вздыха́ет. Де́лаю шаг и обора́чиваюсь. Голова́ Ма́рса вы́тянута, он смо́трит на меня́. Ждёт, не позову́ ли. Пусть ждёт. Осо́бенно оби́дно, что мо́пса-то повели́ туда́, отку́да па́хнет котле́тками.

Спуска́юсь в о́бщий зал. Ого́! Как энерги́чно стуча́т ножи́ по таре́лкам! Позади́ фре́йлейн мопс ест пирожо́к.

Уже́ съе́ден суп, и на блю́дах лежи́т кака́я-то ры́ба, на кото́рую все смо́трят с благода́рностью. Смотрю́ и я. Я сижу́ спино́й к бо́рту парохо́да, к откры́тым иллюми́наторам*. Напро́тив меня́ — ле́стница на па́лубу. Так вот, поднима́ю глаза́, что́бы посмотре́ть на ры́бу и ви́жу... Ма́рса! Он стои́т на ве́рхней ступе́ньке.

Он смо́трит, и́щет меня́ глаза́ми. Что бы́ло де́лать? Кри́кнуть? Но неудо́бно крича́ть из-за стола́, когда́ сидя́т за ним со́рок челове́к. Погрози́ть па́льцем? Но э́то не поде́йствует на него́. В таки́х слу́чаях Марс обы́чно притворя́ется, что не понима́ет меня́. Вы́йти из-за стола́? А вы попро́буйте вы́йти на парохо́де из-за стола́. Все сидя́т в ряд. Сту́лья приви́нчены. Я в са́мом це́нтре, спино́й к иллюми́наторам.

Есть то́лько два вы́хода: лезть под стол и́ли проси́ть всех вы́йти. Пока́ я так разду́мывал, Марс ме́дленно опуска́лся со ступе́ньки на ступе́ньку.

Его́ никто́ не *замеча́ет*. Все едя́т с удово́льствием ры́бу.

Я знаю, что некоторые господа не любят присутствия собаки у стола. Конечно, здесь были такие. Да вот хотя бы старичок. Он уже успел ударить ногой под столом мопса.

А вот, наконец, и котлеты с горошком и зелёной фасолью.

Весь зал наполнился чудесным ароматом, и что-то осторожно *фыркнуло* под столом. Очень осторожно ткнуло меня в коленку. И опять осторожное:

—...Фррр... фррр...

Хорошо, что никто ничего не видит. Какое там не видит! Мальчишка сидит недалеко от меня и поглядывает что-то уж очень любопытно. Ну, конечно, заметил. Вижу, лезет под стол, делая вид, что уронил вилку, а я отлично видел, что он нарочно уронил её.

—Вилли, ты не умеешь себя вести.

Одна из девочек вдруг забеспокоилась и начала вертеться. Лида тоже. Заглядывают под стол.

—Нина, нельзя вертеться за столом, — сказала фрейлейн. — Горошек едят вилкой, а не с ножа.

Скорей бы кончался обед! Как будто так необходимо ещё сладкое...

—...Ррррррр...

—...Ррррррррр...

Опустились вилки и поднялись головы над котлетками. Я ем, заговариваю со старичком о погоде.

—Чудесно на море и совсем не качает, не правда ли? — Но старичок застыл с вилкой в руке.

—Он здесь... Он... Он...

Удивительное дело! Точно в комнату вползла *кобра* или ворвался *тигр*.

—...Ррррррррр... гам-гам!..

—...Ррррррррррр... гым!.. гым!..

25

Они подрались.

—Тузик! Мой Тузик!

Да, Тузик! Прощайтесь, фрейлейн, с вашим Тузиком. Я уверен, что теперь от бедного Тузика останутся одни перья.

—Уберите собак, — строго и решительно приказал какой-то господин.

—Возьмите их! Это невыносимо! Они перекусают всем ноги!

—*Безобразие!* Двадцать лет езжу по морю... и никогда...

Старичок стал красным.

Он может ещё двадцать лет ездить по морю, и я уверен, что не встретит ничего подобного. Мой Марс — единственный и больше по морю не поедет.

Обед прервался на самом интересном месте. Все вскочили из-за стола.

Оба пса дрались, стукались головами о железные ножки круглых стульев. И Марс, уверяю вас, был джентльменом. Он раза два пытался прекратить драку, но мопс нападал, желая оставить за собой последний удар, и Марс, конечно, не мог принять *позора.* Их уже гнали *швабрами* два матроса.

Наконец, швабры сделали своё дело. Фрейлен увела мопса на *перевязку.* Я взял Марса за шиворот. По дороге встретил капитана, который шёл вниз обедать.

—Вот видите... гм... опять история... Очень жаль.., но я буду просить... в Ганге его...

Конечно, обед продолжался. Я не пошёл и *пожертвовал* сладкими пирожками и кофе. Марс просит пить, это я вижу по высунутому розовому языку и тяжким вздохам. На палубе жарко. Веду его на нос корабля и даю пить. Здесь о Марсе говорят.

—На́смерть чёрненькую загры́з. Вот на то́нких но́жках бе́гала.., — говори́т мужичо́к.

—В мо́ре, наве́рное, вы́кинули?

—Вы́кинули… А то́лько вот полчаса́ наза́д тут пробега́ла, весёлая така́я.

Все дава́ли нам доро́гу и с подозре́нием погля́дывали на Ма́рса.

—Мальчи́шке-то, говоря́т, но́жку прогры́з…

Бе́дный Марс! Его́ обвиня́ли во всех преступле́ниях.

Не ра́довало споко́йное мо́ре и игра́ *дельфи́нов*. Очень прия́тно, когда́ на вас смо́трят с *опа́ской* и́ли да́же с неприя́знью. Фре́йлейн всё вре́мя зовёт де́вочек, а мама́ша с лорне́том испу́ганно обраща́ется к Ви́лли. К тому́ же соба́ки, растрево́женные Ма́рсом, во́ют.

—От са́мой Либа́вы е́хали — не вы́ли, а ваш всех растрево́жил, — жа́ловался старичо́к.

Расска́зываю ему́, как бы́ло де́ло, и по глаза́м ви́жу, что не ве́рит. Де́вочки сно́ва бе́гают по па́лубе в компа́нии с ма́льчиком. Мно́гие пассажи́ры отпра́вились в свои́ каю́ты отдохну́ть по́сле обе́да.

Спуска́емся в отделе́ние каю́т, де́лаем шага́ три и вдруг ви́дим, что мопс с перевя́занной но́жкой идёт наве́рх. Произошёл обме́н взгля́дов, но разошли́сь сча́стливо.

Открыва́ю портье́ру каю́ты. Наверху́ *дре́млет* купе́ц, кото́рый чита́л газе́ту. Внизу́ усну́л то́лстый господи́н, све́сив ру́ку. Марс прохо́дит за мной и забира́ется под ко́йку; но я выла́вливаю его́ и задева́ю за́ руку спя́щего господи́на.

—Послу́шайте, тут лю́ди спят.

Я извиня́юсь за беспоко́йство.

—Тут лю́ди спят! — повторя́ет то́лстый господи́н, де́лая ударе́ние на «лю́ди».

—Вы же ви́дите, что я его́ увожу́. — говорю́ я.

До чего́ же мне всё э́то надое́ло! Я оказа́лся на поло-
же́нии соба́чьей ня́ньки. Ни ша́гу свобо́дного. Укла́ды-
ваю Ма́рса у двере́й в коридо́рчике. Объясня́ю зна́ками,
что бу́дет, е́сли он не ста́нет лежа́ть споко́йно. Говорю́
и по-францу́зски, и по-ру́сски. Марс понима́ет и ми́рно
ложи́тся. Я иду́ отдохну́ть.

V

Хорошо́ дрема́ть в каю́те, лёжа голово́й к откры́тому
иллюмина́тору. Не́жно перелива́ются отраже́ния волн
в то́лстом кру́глом стекле́. В лицо́ ду́ет све́жий морско́й
ве́тер.

Я дремлю́. Купе́ц сла́дко спит надо мно́й. И вдруг
ста́ло ти́хо-ти́хо.

Должно́ быть, я засну́л. Мне сни́лось, как по па́лубе
старичо́к и фре́йлейн гоня́лись за мной со шва́брами.
Я откры́л глаза́.

—В во́ду! — крича́л то́нкий голосо́к. — Вон! Вон!!

Над голово́й кри́ки.

Что тако́е? На меня́ гляди́т испу́ганное лицо́ сосе́да.
В откры́тый иллюмина́тор слы́шу:

—Да где? Где?

—Вон, вон… Волно́й накры́ло…

—Да нет! Во-он!

—Потону́л… Это ужа́сно.

—Нельзя́ же так… Он плывёт, плывёт…

—Если попроси́ть капита́на?.. Смотри́те, он ещё
плывёт!!!

—Ах! Жа́лко как!

—Не остана́вливать же парохо́д… Стра́нный же вы
челове́к!

Вска́киваю с ко́йки и бегу́. Навстре́чу попада́ется
ры́жий матро́с.

—Господи́н, ва́ша соба́чка за борто́м...

Марс в мо́ре — как по голове́ уда́рило. Я бегу́, ничего́ не сообража́я. На па́лубе мно́го наро́ду. Тут и пассажи́ры тре́тьего кла́сса.

Раста́лкиваю всех, хочу́ ви́деть после́дние мину́ты моего́ у́много и ве́рного Ма́рса.

—Всё плывёт, ми́лый...

—То́же жива́я душа́, жи́ть-то хо́чется...

Я ви́жу просты́е ли́ца. Я слы́шу голоса́, все жале́ют Ма́рса. Он едва́-едва́ ви́ден. Но я до́лжен же хоть что́-нибудь сде́лать! Я ви́жу фигу́ру капита́на. Он смо́трит на мо́ре. И да́ма с лорне́том что́-то говори́т ему́. Кто́-то начина́ет пла́кать.

—Ни́на, Ли́да, нельзя́. Это неприли́чно.

Я зна́ю, что ну́жно сде́лать. Я подбега́ю к капита́ну.

—Господи́н капита́н! Прошу́ вас... Прикажи́те за́дний ход.., е́сли мо́жно... Он доплывёт... Прошу́ вас...

—Я заплачу́ расхо́ды, е́сли...

—Я та́кже прошу́, капита́н. Я ду́маю, никто́ не мо́жет быть недово́лен. Всё от вас зави́сит...

Что тако́е? О́коло нас толпа́. Глаза́ смо́трят на капита́на.

—Про́сим останови́ть парохо́д!

—Про́сим!

—Про́сим!!

—Жесто́ко не оказа́ть по́мощь...

Они́ все, все они́ про́сят за моего́ Ма́рса. Матро́сы стоя́т во́зле тра́па и смо́трят на нас, они́ ждут.

—А жа́лко соба́чку-то! — сказа́л кто́-то. — На́до бы её...

—Я прошу́ Вас, капита́н! — говорю́ я реши́тельно. — Никто́ не *возража́ет*...

Капита́н не отвеча́ет. Он поднима́ется на мо́стик и что́-то передаёт в слухову́ю *трубу́*.

—За́дний ход приказа́л дать, — дога́дывается ста-
ричо́к.

А Марс… Он всё ещё плывёт, то пока́зывается, то
пря́чется за волна́ми. Его́ ры́жая голова́ *сверка́ет* на
со́лнце, ма́ленькая, едва́ заме́тная голова́.

Ма́льчик с тро́сточкой, бле́дный, гляди́т, вы́тянув
ше́ю. И ви́жу я, как по́ носу его́ бежи́т сверка́ющая
ка́пелька и па́дает в мо́ре. Кто́-то тяжело́ сопи́т над
мои́м плечо́м и повторя́ет:

—Пото́нет, пото́нет…

—Не ви́дно.

—Да нет… Вон, опя́ть вы́плыл.

Я счита́ю секу́нды.

Парохо́д уже́ идёт за́дним хо́дом.

—Спусти́ть шлю́пку-у!!

Вот он, го́лос, привы́кший говори́ть с бу́рями и пере-
кри́кивать што́рмы! Капита́н стои́т, как *монуме́нт*.
И в его́ руке́ сверка́ют золоты́е часы́. Я гото́в бро́ситься
и расцелова́ть э́того морско́го во́лка в белосне́жном
ки́теле и с загоре́лым лицо́м.

—Бра́во! Бра́во, капита́н!

Капита́ну устра́ивают *ова́цию*. Ба́рышни* в све́тлых
пла́тьях ма́шут платка́ми. Мальчи́шка пры́гает. У всех
све́тлые улы́бки на ли́цах.

Матро́сы… Они́ рабо́тают то́чно и бы́стро. Со шлю́пки
сорва́ли брезе́нт, и ры́жий матро́с и ещё тро́е — в ло́дке.
Их спуска́ют с па́лубы, и уже́ рабо́тают вёсла.

Ра́з-два… Ра́з-два…

—Вот молодцы́! Бра́во! Бра́во!

Со́тни глаз следя́т за двумя́ то́чками на мо́ре: э́то
голова́ Ма́рса и шлю́пка. Я жду.

На секу́нду я огля́дываюсь, чтобы не ви́деть по-
сле́днего моме́нта. Стара́юсь по ли́цам поня́ть то, что

делается на море. Какие лица! Я не узнаю их. Хорошие человеческие лица. А глаза! Они все смотрят, волнуются и ждут.

—Браво! Браво!

Я не могу больше ждать и гляжу на море. Шлюпка почти совсем подошла. Марс ещё держится, до него не больше десятка шагов. Ещё один взмах вёсел. И вдруг все ахнули: голову Марса накрыло большой волной. Нырнула и снова вынырнула шлюпка, и высокая фигура рыжего матроса поднялась в ней. Он что-то показывает рукой. Ещё взмах.

—Пропал!

—Смотрите! Смотрите!

Матрос наклоняется за борт и ищет руками в море.

И вдруг… вырастает красивая фигура, и в крепкой руке вытягивается из моря что-то сверкающее. С секунду он держит это что-то над морем, потом оборачивается лицом к пароходу и показывает. И все мы видим, как падают сверкающие струи воды.

—Браво! Урра!! — дружно кричат на палубе.

—Молодцы! — кричит над самым ухом купец. — Здорово!

Марс спасён.

И все довольны и веселы. Счастливы даже.

Или это мне кажется так, потому что я сам готов прыгать и целовать и капитана, и старичка, и фрейлейн, и её мопса, и особенно этих девочек, которые теперь прыгают на носочках и хлопают в маленькие ладошки. Все счастливы. И какие у всех хорошие, добрые человеческие лица! А капитан! Как белый монумент, стоит он на мостике и смотрит на палубу. Не думает ли этот морской волк, на глазах которого, быть может, погиб не один человек в балтийские бури, какие всё это взрослые и хоро́шие де́ти? А сам он? Не он ли гро́мким го́лосом крича́л неда́вно:

—Спу-сти́ть шлю́п-ку-у!

Я подхожу́ к нему́ и благодарю́.

—Очень рад, — говори́т он, и его́ у́мные глаза́ улыба́ются.

У мо́стика собрала́сь молодёжь и устро́ила капита́ну настоя́щую ова́цию, и капита́н улыба́лся, и всем бы́ло о́чень ве́село. Уже́ приве́тствовали Ма́рса и его́ спаси́телей. Всем хоте́лось ви́деть ва́жный моме́нт — возвраще́ние на су́шу. Мно́гие уже́ взя́ли фотоаппара́ты, гото́вясь сфотографи́ровать вели́кое собы́тие.

А господи́н в кле́тчатых пантало́нах, по всем при́знакам англича́нин, смотре́л в свой телеско́п.

Пе́рвым показа́лся ры́жий матро́с. В его́ руке́ висе́л несча́стный Марс. Тру́дно бы́ло пове́рить, что э́то и́менно тот са́мый краси́вый *пуши́стый* ирла́ндец.

Все окружи́ли матро́сов. Я пожа́л ры́жему матро́су ру́ку и положи́л в неё награ́ду* на всех.

—Ну, за что?.. —Он, наве́рное, не люби́л разгова́ривать, как и его́ капита́н.

Купе́ц вы́тащил кошелёк и дал что́-то. Дал и старичо́к. Англича́нин протяну́л бума́жку и сказа́л:

—Спаси́бо. На во́дку.

Матро́сы с трудо́м успева́ли класть в карма́ны де́ньги. Они́ торопи́лись вы́йти из толпы́. И вдруг с капита́нского мо́стика был дан знак па́льцем. Матро́сы взбежа́ли на вы́шку. Что тако́е? Взя́ли под козырьки́*. Стоя́т. Капита́н говори́т гро́мко, так что всем слы́шно на па́лубе.

—Шлю́пка спу́щена за мину́ту и со́рок семь секу́нд! Молодцы́! Полу́чите… по рублю́…

Матро́сы поби́ли реко́рд.

Две минуты для спуска шлюпки — наивысшая быстрота.

Но Марс... Он лежит без движения, окружённый толпой, и от него по палубе текут струйки воды.

—Плох он. Наверное, воды нахлебался, — сказал третий помощник капитана.

Я стоял над Марсом. Он дышал едва заметно, и глаза его были закрыты. Он был в *обмороке*.

—Вы его потрите.

—Коньяку бы ему хорошо дать, — советовал купец.

Я перенёс Марса в сторону и с помощью какой-то барышни стал растирать его. Кто-то, кажется, фрейлейн, принесла нашатырный спирт.* Марс чихнул, что вызвало страшный хохот. И представьте себе! Даже мопс вёл себя по-джентльменски. Он понюхал неподвижную лапу Марса, обошёл кругом, поглядывая на недавнего врага, и сел рядом. Марса накрыли тёплым платком: он начал *дрожать*.

Звонок позвал к вечернему чаю. Все пошли в кают-компанию. Детей силой оттаскивали от «умирающего». Мальчик с тросточкой два раза прибегал снизу узнать, как Марс себя чувствует. Смотрю, идёт фрейлейн и несёт что-то.

—Вот, дайте ему... Это коньяк.

Я поблагодарил её, разжал Марсу рот и влил. Подействовало хорошо. Марс открыл сначала один глаз, потом другой и даже облизнулся. Узнал меня и чуть-чуть постучал мокрым хвостом.

—Что, Марс? И как это у тебя получилось?

Но его глаза снова закрыты. Я только успел сходить за молоком в буфет, а возле Марса — девочки, мальчики и барышни. Принесли печенья и разложили возле его чёрного носа. На палубе, конечно, разговоры только о главном событии. Рассказывают, как Марс упал в море. Я, конечно, интересуюсь и по отрывкам из рассказов могу составить такую картину.

Вскоре после появления на палубе раненого мопса на крики детей вышел Марс. Очевидно, началась драка. Марс решил одним ударом покончить с врагом. Он долго гонял по палубе мопса и, наконец, загнал на корму. Но кто-то (осталось неизвестным, но я сильно подозреваю старичка) замахнулся на Марса палкой. Марс отскочил назад и упал в море.

Уже садилось солнце. Мы были на корме и мирно беседовали.

Я думал о тех минутах, когда всех объединило одно желание — спасти погибавшую на глазах жизнь, в общем-то никому из них не нужного и неизвестного пса. Когда все вдруг почувствовали в себе что-то такое тёплое и хорошее, и на самое короткое время стали детьми… чистыми детьми.

Когда все смотрели на несчастную собаку и жалели её, и хотели одного.

Мы так мирно беседовали, и Марс стал чувствовать себя намного лучше. Он тихо, ещё на слабых ногах добрался до кормы и незаметно подошёл ко мне сзади.

— Вот он!

— Ма-арс!

— Милый Марс!

— Подойди сюда, умная собачка, ну, подойди…

И Марс тихо подходил ко всем и доверчиво клал всем на колени свою умную, ещё мокрую голову и ласково заглядывал в глаза.

И даже англичанин в клетчатых панталонах потрепал его по спине и с серьёзным видом спросил:

— Как дела?

Господи́н капита́н подошёл пожела́ть всем до́брого ве́чера, он посмотре́л на Ма́рса и сказа́л:

— У-у, пё-ос!..

У́тром мы бы́ли в Або. Мно́гие пассажи́ры проща́лись с Ма́рсом, и он ка́к-то бы́стро вы́учился дава́ть ла́пу, чего́ ра́ньше никогда́ не де́лал. Появи́лись че́тверо молоды́х люде́й, окружи́ли Ма́рса и на́чали его́ фотографи́ровать.

Марс испуга́лся и присе́л. В тако́й по́зе его́ и сфотографи́ровали.

Я почти́ уве́рен, что о том, что случи́лось с Ма́рсом, написа́ли в газе́тах. Мо́жет быть, да́же появи́лись и́ли поя́вятся в о́кнах магази́нов откры́тки с его́ изображе́нием. Но вряд ли кто́-то рассказа́л, что са́мое интере́сное произошло́ на парохо́де.

Все смотре́ли на Ма́рса и не *наблюда́ли* за собо́й.

Ну, за них э́то сде́лал я.

1938

Комментарий

Купе́ц (купе́ческий) — в Росси́и до 1917 года социа́льная группа люде́й, занима́вшихся ча́стной торго́влей.

Винда́ва — назва́ние го́рода Вентспилс в Латвии до 1917 года.

Господи́н — челове́к из привилеги́рованного о́бщества.

Або — шве́дское назва́ние фи́нского го́рода Турку.

Ня́нька, ня́ня — же́нщина, кото́рая занима́ется ухо́дом за детьми́.

Дворня́га — беспоро́дная соба́ка.

Живодёрня — место, где убивают беспризорных животных и снимают с них шкуры.

Управля́ющий (хозяйством) — человек, который ведёт дела в доме, отвечает за порядок.

Носи́льщик — рабочий, который носит багаж на вокзалах, пристанях.

Ки́тель — форменная куртка со стоячим воротником.

Ба́рыня — в России до 1917 года представительница привилегированного общества.

Карту́з — мужской головной убор.

Заключённые *здесь*: собаки, которые во время переезда на пароходе, были помещены в клетки.

Каю́т-компа́ния — общее помещение на судне для пассажиров, где можно отдохнуть и поесть.

Иллюмина́тор — герметически закрывающееся круглое окно на корабле, в самолёте и т.д.

Ба́рышня — девушка из интеллигентной среды.

Награ́да *здесь*: деньги за спасение Марса.

Взять под козырёк — отдать честь по-военному, приложив руку к козырьку (твёрдой части головного убора, выступающей надо лбом).

Нашаты́рный спирт — водный раствор аммиака, используется в медицине.

Задания

I

1. Опишите внешность и характер Марса.
2. Как вы думаете, почему хозяин собаки говорит, что судьба хранит Марса?

II

1. Почему Марс понял, что хозяин не собирается брать его с собой в поездку?
2. Расскажите, как Марс всё-таки попал на пароход.

III

1. Как вёл себя Марс, чтобы его выпустили из клетки?
2. Что произошло после того, как собаку выпустили?

IV

1. Расскажите, что случилось на пароходе во время обеда.

V

1. Какой несчастный случай произошёл, пока хозяин Марса спал?
2. Расскажите, как проходило спасение собаки.
3. Как вели себя пассажиры после того, как Марса вытащили из воды и вернули на пароход?

Отметьте предложения, где написана правда → П , а где написана неправда → Н .

I. Вот каков этот Марс. Но красив, очень красив.

1. П Марс настолько красив, что однажды незнакомая старушка решила угостить его вафлей, но он не стал есть из рук чужого человека.

2. ☐ Этот пёс — настоящий герой, поэтому у него даже есть золотая медаль.

3. ☐ Марс очень хорошо умеет выпрашивать себе угощение.

II. Рассуждая, что пол существует, чтобы на нём лежать, стол — чтобы на нём обедать, а буфет — чтобы прятать съедобное, он не выносит беспорядка и съедает всё, что падает на пол или остаётся на столе.

1. ☐ Марс — прекрасный охранный пёс.

2. ☐ Марс очень добродушно относится к детям, но терпеть не может маленьких собачек.

3. ☐ Марс дважды чудом остался жив.

III. Как-то мне нужно было поехать дня на два в город Або, небольшой городок на побережье Финляндии.

1. ☐ Марс быстро понял, что его не возьмут в поездку, и загрустил.

2. ☐ К Марсу подошёл помощник капитана, чтобы отвести его в клетку. Пёс дружелюбно отнёсся к этому человеку, потому что из-за белой формы принял его за знакомого почтальона.

3. ☐ Пёс смог убежать из дома, потому что Иван Сидорович забыл закрыть заднюю дверь.

IV. Худая особа в соломенной шляпке сухим скучным тоном всё время останавливала их по-немецки.

1. ☐ Мопс злился на мальчика, потому что тот плохо с ним обращался.

2. ☐ Старичок сообщил хозяину собаки, что предпочитает путешествовать по морю, так как на теплоходе всегда тихо и спокойно.

3. ☐ Девочки и фрейлейн были в восторге от знакомства с Марсом.

V. Уже съеден суп, и на блюдах лежит какая-то рыба, на которую все смотрят с благодарностью.

1. ☐ Марса не взяли обедать, но он тихо пробрался под стол. Вилли первым увидел собаку.

2. ☐ Под столом раздаются странные звуки, хозяин Марса пытается отвлечь внимание старичка, но тут между собаками начинается драка.

3. ☐ После обеда хозяин отводит Марса в свою каюту, где они ложатся спать.

VI. Мне снилось, как по палубе старичок и фрейлейн гонялись за мной со швабрами.

1. ☐ Хозяина Марса разбудили встревоженные крики пассажиров; когда он выбегает на палубу, ему сообщают, что его пёс упал в море.

2. ☐ Все переживают за собаку, пассажиры дружно просят капитана сделать всё необходимое для спасения Марса.

3. ☐ Только старичок и мопс были недовольны тем, что Марса спасли и он снова будет с ними на пароходе.

Зачеркните неправильный вариант.

1. Хотя и английского происхождения, но негордый и внимательно следит за кусками еды и ~~**расспрашивает**~~ / **выпрашивает** глазами.

2. А уж выйти не позволяет **не за что** / **ни за что**, встаёт к двери с рычанием.

3. Есть в нём **замечательная** / **заметная** черта характера: он очень великодушен.

4. Как-то раз он сорвал лапами свой ошейник и, **прибежав** / **выбежав** за ворота, попал к собачьим охотникам, которые без всякого разговора забрали его на живодёрню.

5. Он попробовал **прыгать** / **прыгнуть** около меня, но это ни к чему не **приводило** / **привело**.

6. И тут-то он всё **заключительно** / **окончательно** понял.

7. Но я должен всё же **признаться** / **признаваться**, мне было приятно, что Марс **умел** / **сумел** отыскать мой след.

8. Помощник **ходит** / **идёт** за разрешением и скоро **возвращается** / **вернётся**.

9. Мы **явились / появились** на палубу, на нас все смотрят.

10. Кланяюсь и обещаю, что мой Марс никакой опасности для пассажиров не **составляет / представляет**.

11. На меня глядит **испугавшееся / испуганное** лицо соседа.

12. Но **неудобно / некомфортно** кричать из-за стола, когда сидят за ним сорок человек.

Соедините начало и конец предложений.

1. Это было так неожиданно,	если меня нет в квартире.
2. Он пускает их в комнаты, ходит за ними и не разрешает взять со стола даже газеты,	так что всем слышно на палубе.
3. На мостике появился капитан, и по его лицу было видно,	что ничего не получится, и делаю при всех опыт.
4. Говорю третьему помощнику,	что даже Марс растерялся и долго глядел на дорогу.
5. Он не знает,	что он недоволен.
6. Он одним глазом наблюдал за девочками и ждал удобного случая,	он решил защитить девочку.
7. Когда худая немка нагнулась вытереть щёчку Нины от следов поцелуя Марса,	чтобы поиграть с ними.
8. Капитан говорит громко,	чем доказать мне свою благодарность.

У вас есть ответ. Напишите вопрос.

1. Кого *напугал Марс*?

Он любит детей и однажды напугал на бульваре няньку, которая собиралась дать шлепка непослушному малышу.

2. Куда . . . .

Многие пассажиры отправились в свои каюты отдохнуть после обеда.

3. За кого . . . .

Я не сказал третьему помощнику капитана, что Марс, очевидно, принимает его за почтальона в его белоснежном кителе.

4. Почему . . . .

Старичок сообщил мне, что страдает головными болями, не терпит шума и потому всё лето совершает морские прогулки, так как только на пароходе находит тишину.

5. Где . . . .

Пассажиры третьего класса стоят около клеток с собаками и слушают.

6. Как . . . .

Марс думает, очевидно, что пароход — это улица, и ведёт себя самым легкомысленным образом.

7. Кто . . . .

Две девочки, в красных коротких платьях и в белых туфельках, веселились на палубе.

8. Зачем . . . .

На секунду я оглядываюсь, чтобы не видеть последнего момента.

9. О чём . . . .

Мальчик с тросточкой два раза прибегал снизу узнать, как Марс себя чувствует.

Выберите слова / словосочетания, противоположные по значению.

Спускаться, успевать, худой, нарочно, тишина, добродушный, быть спокойным, приветствовать, важный, ~~светлый~~, грустно.

Тёмный ≠ *светлый*

подниматься ≠ . . . .

волноваться ≠ . . . .

прощаться ≠ . . . .

незначительный ≠ . . . .

опаздывать ≠ . . . .

толстый ≠ . . . .

нечаянно ≠ . . . .

шум ≠ . . . .

злобный ≠ . . . .

радостно ≠ . . . .

Поставьте данные предложения в порядке следования событий.

[ ] Однажды этому господину нужно было уехать по делам в другой город.

[ ] Плавание проходило мирно, как вдруг раздался собачий вой.

[ ] Многие пассажиры прощались с Марсом и фотографировали его на память.

[ ] Чтобы прекратить вой, Марса выпустили из клетки.

[ ] Хозяин Марса собрался в дорогу и оставил собаку дома.

[ ] С большим трудом Марса удалось посадить в клетку.

[ ] Когда все вокруг успокоились, Марс подрался с мопсом.

[ ] В последний момент Марс догнал своего хозяина и его пришлось взять на пароход.

☐ Пассажирам не понравился шум, и они пожаловались капитану.

☐ Марса возвращают на палубу, все счастливы, матросам, которые спасли Марса, подарили деньги.

☐ Хозяина Марса разбудили крики пассажиров, ему сообщили, что его собака упала за борт.

☐ Во время обеда Марс снова подрался с мопсом.

☐ Всем жаль собаку, пассажиры дружно просят капитана сделать всё необходимое для спасения Марса.

☐ Марсу плохо, все переживают за него и стараются ему помочь.

☐ На берегу Балтийского моря в небольшом городе жил господин, у которого был умный ирландский сеттер по кличке Марс.

Из рассыпанных слов составьте предложения и запишите их.

1. [с] [Матросы] [в] [класть] [успевали] [деньги.] [карманы] [трудом]

Матросы с трудом успевали класть в карманы деньги.

2. [событие.] [сфотографировать] [великое] [готовясь] [фотоаппараты,] [уже] [Любители] [взяли]

. . . .
. . . .
. . . .

3. [заметно,] [и] [глаза] [его] [едва] [были] [дышал] [закрыты.] [Он]

. . . .
. . . .
. . . .

4. страшный вызвало чихнул, хохот. Марс что

· ·
· ·
· ·

5. прибегал снизу два узнать, тросточкой как Марс себя с чувствует. Мальчик раза

· ·
· ·
· ·

6. с что Марсом, написали уверен, в почти газетах. Я случилось что том, о

· ·
· ·
· ·

7. облизнулся. Марс даже открыл и сначала другой глаз, потом один

· ·
· ·
· ·

Соедините стрелкой слова / словосочетания с одинаковым значением.

Смирный	закрыть
двухгодовалый	спешить
зря	любой
неожиданно	позволять
пробовать	спокойный
разрешать	двухлетний
всякий	напрасно
торопиться	внезапно
запереть	пытаться

Учебное издание

Шмелёв Иван Сергеевич

МОЙ МАРС

Книга для чтения с заданиями
для изучающих русский язык как иностранный

Редактор: *Н.А. Еремина*
Корректор: *Н.Н. Сутягина*
Вёрстка: *Е.П. Бреславская*

Подписано в печать 25.02.2014. Формат 60×90/16
Объем 3 п.л. Тираж 1000 экз. Зак. И_070

Издательство ЗАО «Русский язык». Курсы
125047, Москва, 1-я Тверская-Ямская ул., д. 18
Тел./факс: +7(499) 251-08-45, тел.: +7(499) 250-48-68
e-mail: russky_yazyk@mail.ru; rkursy@gmail.com;
ruskursy@gmail.com; ruskursy@mail.ru
www.rus-lang.ru

Отпечатано с готового оригинал-макета издательства
в ООО «Мастер Студия»
432071, г. Ульяновск, ул. Марата, д. 8
Тел.: +7(8422) 44-56-08

СЕРИЯ «КЛАСС!ное чтение»

Книги этой серии предназначены как для взрослых читателей, так и для детей. Детям адресованы книги «Слон» и «Белый пудель» А. Куприна, «Чёрная курица, или Подземные жители» А. Погорельского, «Валентинка» Д. Суслина. Среди книг для взрослых — «Алые паруса» А. Грина, «Анна Каренина» Л. Толстого, «Преступление и наказание» Ф. Достоевского, «Голубое и зелёное» Ю. Казакова и «Мой Марс» И. Шмелёва. Тексты адаптированы с расчётом на разные уровни владения РКИ (А1, А2, В1, В2).

В каждой книге читатель найдёт интересные факты из биографии автора, текст произведения, комментарий к тексту, словарь, а также задания на развитие речи и понимание художественных текстов.

Книги серии будут полезны взрослым читателям, изучающим РКИ, детям соотечественников, проживающим за рубежом, учащимся национальных школ.

ПО ВОПРОСАМ ПРИОБРЕТЕНИЯ КНИГ ОБРАЩАТЬСЯ ПО АДРЕСУ:

125047, Москва, ул. 1-я Тверская-Ямская, д. 18
Тел./факс: +7(499) 251-08-45; тел.: +7(499) 250-48-68

e-mail: rkursy@gmail.com; russky_yazyk@mail.ru;
ruskursy@mail.ru; ruskursy@gmail.com

www.rus-lang.ru